LES ORIGINES

DU

CAMP DE CHALONS

PAR

G. ESPITALLIER

CHEF DE BATAILLON DU GÉNIE EN RETRAITE

AVEC UNE PLANCHE HORS TEXTE

BERGER-LEVRAULT & Cie, LIBRAIRES-ÉDITEURS

PARIS | NANCY

5, RUE DES BEAUX-ARTS | 18, RUE DES GLACIS

1898

LES ORIGINES

DU

CAMP DE CHALONS

PAR

G. ESPITALLIER

CHEF DE BATAILLON DU GÉNIE EN RETRAITE

AVEC UNE PLANCHE HORS TEXTE

BERGER-LEVRAULT & Cie, LIBRAIRES-ÉDITEURS

PARIS | NANCY

5, RUE DES BEAUX-ARTS | 18, RUE DES GLACIS

1898

Extrait de la *Revue d'artillerie*

(Août — Septembre 1898)

LES ORIGINES

son inscription
entre Midras.
Cet équilibre
disait se servir

DU

CAMP DE CHALONS[1]

Étant donné le grand nombre d'unités de toutes armes appelées chaque année à faire un séjour plus ou moins long au camp de Châlons, il ne paraît pas hors de propos de donner quelques détails rétrospectifs sur l'historique de ce camp, le plus célèbre et le plus considérable de ceux qui aient été créés en France.

Les notes que nous publions à ce sujet sont, pour une bonne part, inspirées et en partie tirées d'un mémoire rédigé, après la guerre, par M. le colonel du génie Rothmann, alors capitaine. Elles s'appliquent plus particulièrement à la période d'organisation qui s'étend de 1856 à 1870. Nous y avons toutefois ajouté quelques indications sur les modifications subséquentes qu'a dû subir le primitif état de choses, lorsque ces modifications méritaient une mention.

Né de la volonté de l'Empereur Napoléon III, le camp de Châlons, pendant cette période, s'est développé sous

---

[1] Pour plus de détails, le lecteur pourra consulter la *Revue du génie* (septembre-octobre 1894), qui a publié sur les origines du camp de Châlons un travail tout à fait complet, dans lequel la question est envisagée plus particulièrement au point de vue du service du génie. Ce travail a en outre fait l'objet d'un tirage à part, édité chez Berger-Levrault et Cie.

son impulsion, avec beaucoup d'unité et dans un même ordre d'idées.

Cet établissement est l'œuvre d'un seul homme, le capitaine du génie Weynand, mort général en 1882, qui s'y consacra tout entier durant quatorze années, et apporta dans son développement progressif la continuité de vues qui manque si souvent aux entreprises de longue haleine.

Tant qu'a duré l'Empire, le camp de Châlons, sauf une très faible garnison permanente, fut exclusivement un camp d'instruction, un champ de manœuvres plus vaste que les autres.

Depuis lors, l'accroissement des effectifs armés et l'insuffisance des ressources de casernement dans l'Est de la France, y ont fait maintenir en permanence autant de troupes que son baraquement permettait d'en loger. Il a fallu satisfaire à la hâte aux besoins du moment et modifier en conséquence l'assiette de l'occupation.

Ces adaptations successives n'ont pas toujours permis de respecter la belle ordonnance des plans primitifs ; mais, à n'envisager le camp que comme une réserve de casernement où l'on envoie, provisoirement et pour un temps indéterminé du reste, le trop-plein des autres garnisons, on peut dire que son organisation a satisfait à tous les besoins avec une élasticité qu'on ne saurait demander aux casernements situés dans les villes.

HISTOIRE GÉNÉRALE DU CAMP DE CHALONS

En 1855, époque à laquelle s'ouvre cet historique, les seuls camps français de quelque importance étaient ceux du Nord. Ils recevaient alors quatre divisions à Boulogne et deux à Saint-Omer, mais le terrain mis à la disposition de ces troupes ne leur permettait point les grandes évolutions. C'étaient là surtout des lieux de rassemblement, créés en vue de l'expédition de la Baltique.

Depuis longtemps déjà, on sentait pourtant quel précieux

élément de préparation et d'entraînement on pourrait puiser dans des manœuvres d'ensemble, exécutées chaque année comme le couronnement de l'œuvre de détail progressive accomplie dans les garnisons.

Une tentative avait été faite, en 1842, pour établir un vaste terrain de manœuvres en Champagne. La mort du duc d'Orléans était venue suspendre l'exécution de ce projet. Mais l'idée fut reprise lorsque la guerre d'Orient eut montré qu'on peut, dans certaines circonstances de guerre, avoir à vivre de longs mois sous la tente. Il semblait de la plus haute importance d'entraîner les hommes aux fatigues de ce genre de vie, où chacun doit compter beaucoup sur sa propre industrie pour se procurer quelque bien-être.

Dès le mois de février 1856, le général Roguet fut chargé, avec le colonel Castelnau, chef du cabinet du Ministre de la guerre, d'entreprendre des reconnaissances pour déterminer l'emplacement qui convenait le mieux à l'établissement d'un camp destiné à remplacer ceux du Nord et à former, sur une grande échelle, une école de manœuvres militaires.

Les vues se portèrent encore une fois sur la Champagne pouilleuse. C'est un pays peu accidenté, ce qui semblait convenable pour des manœuvres théoriques, et le prix des terrains presque incultes y était peu élevé.

Il n'est même pas impossible qu'on ait songé, en choisissant cette région, aux éventualités d'une guerre à venir contre l'Allemagne et à l'avantage qu'il y aurait à pouvoir y réunir, presque sans donner l'éveil, une armée d'une centaine de mille hommes.

Quoi qu'il en soit, à la suite des reconnaissances du général Roguet, on jeta les yeux sur la portion de la Champagne comprise entre Reims et Châlons. Un terrain semblait tout particulièrement favorable à l'installation projetée : c'était celui qui se trouvait compris entre la Suippe et la Vesle, le ruisseau du Cheneu et la route de

Nevers à Sedan. Les villages de Mourmelon, Saint-Hilaire, Suippes et la Cheppe y limitent en effet une vaste zone inculte dont l'acquisition devait se faire à bon compte et où l'on pouvait se procurer un grand champ de manœuvres n'englobant aucun lieu habité.

Le colonel Castelnau, accompagné d'un représentant de l'administration des domaines, M. de Cerval, y fit de nouvelles reconnaissances, et le capitaine du génie Weynand y fut mandé en septembre 1856, avec la mission d'étudier en tout détail et de définir exactement le terrain à acheter pour l'établissement du camp.

En octobre ce travail était achevé, et le terrain était désigné par des piquets plantés de cent mètres en cent mètres. Dès le mois de novembre, un décret d'expropriation consacrait cette opération et, après quelques essais d'achat des terres à l'amiable, un procès-verbal rédigé par M. de Cerval stipulait, avec le consentement de tous les propriétaires intéressés, que l'État entrerait immédiatement en jouissance du terrain indiqué, à charge par lui de payer, à partir de la prise de possession, l'intérêt à 5 p. 100 de l'indemnité qui serait plus tard déterminée, soit à l'amiable, soit par un jury d'expropriation.

1856. Travaux et recherches relatives à l'assiette des campements. — Dès les premiers jours d'octobre, un capitaine de l'état-major du génie et un garde de cette arme avaient été envoyés au camp, en même temps qu'un détachement de quinze sapeurs commandés par un sous-officier. Au mois de février 1857, ce détachement était porté à trente hommes commandés par un officier; enfin, au mois de mai, une compagnie du génie tout entière vint coopérer aux premiers travaux.

Avec ces ressources successivement croissantes, on fit le lever du terrain; on étudia les questions relatives au campement de trois ou quatre divisions d'infanterie, de deux divisions de cavalerie, et de troupes de l'artillerie et du génie en proportion. Enfin, on fit creuser des puits d'essai en plusieurs points, afin de se rendre compte des difficultés qui pourraient se présenter pour trouver l'eau.

1857. Premier projet de campement. — Le premier projet de campement consista à disposer les troupes sur une ligne située à 300 mètres de la voie romaine de Reims à Bar-le-Duc, la gauche s'appuyant au ruisseau du Cheneu, la droite à la route de Nevers à Sedan.

Des constructions furent commencées à l'emplacement qu'occupe actuellement la ferme de Bouy en vue de créer un parc du génie, mais l'estimation de la dépense qu'il convenait de faire, tant pour l'établissement des campements que pour l'amélioration des chemins permettant d'entrer en communication avec les localités voisines, atteignait cinq à six cent mille francs. Cette dépense parut fort élevée, et, pour la réduire, on chercha s'il n'était pas possible de grouper les campements dans une position plus rapprochée de Châlons, nœud important de voies ferrées, en relation avec les différents centres de production.

Deuxième projet de campement. — On projeta, en conséquence, des camps en équerre en prenant un front de bandière brisé, parallèle d'une part à la voie romaine, de l'autre à la route de Nevers à Sedan. Toutefois la question de l'alimentation en eau, particulièrement difficile dans cette région, devint bientôt l'objet des plus vives préoccupations ; une commission, présidée par le général Niel, fut chargée de l'examiner. Les avis furent très partagés et l'Empereur, pour lever ces indécisions, vint visiter lui-même les lieux, le 24 juin 1857.

Projet de campement définitif. — L'Empereur, parti en voiture de Châlons, monta à cheval à hauteur du camp d'Attila et suivit les lignes étudiées pour l'assiette du camp, en descendant le cours de la Noblette et de la Vesle jusqu'au ruisseau du Cheneu et au moulin Bayard où l'on s'arrêta.

On développa le plan dressé par le génie ; l'Empereur y fit jouer des cartons préparés représentant la surface nécessaire aux camps des diverses grandes unités. Enfin, renonçant aux deux premiers projets, il admit du même coup l'assiette du camp sur la ligne du Cheneu, à peu près telle qu'elle a existé jusqu'en 1870, et la création d'un chemin de fer de Châlons à Mourmelon-le-Petit. Cette voie devait être étudiée et exécutée dans l'espace de six semaines, de manière à satisfaire aux besoins d'une première saison de manœuvres dès cette même année (1857).

L'emplacement choisi était en définitive la région où les puits étaient le moins profonds. Le Cheneu offrait en outre des ressources en eau pour la cavalerie et l'artillerie, établies, l'une en avant, l'autre en arrière du ruisseau.

L'infanterie devait camper en avant du village de Mourmelon-le-Grand, sur une ligne brisée à angle très ouvert et sensiblement horizontale. Une zone d'un millier de mètres était laissée libre entre les maisons du village et la limite du camp pour permettre aux habitants de continuer les travaux agricoles qui constituaient leur principale ressource.

Les services administratifs enfin devaient être établis près de la gare.

Le capitaine Weynand reçut l'ordre de jalonner le camp conformément à cette donnée.

Le 28 juillet, l'Empereur revit le tracé, l'approuva définitivement et fixa l'emplacement de son quartier impérial ainsi que celui du grand quartier général. Ce dernier fut déplacé plus tard ; il se trouvait, cette première année, à l'ouest du quartier impérial, près de la voie romaine.

Création des premiers accessoires du campement. — Dès le 14 juillet, les deux compagnies du génie de la garde et, dix jours plus tard, un bataillon de voltigeurs avaient été envoyés au camp pour seconder la compagnie du génie de la ligne, dans les travaux préparatoires. Le 2 août, deux bataillons y arrivèrent pour le même objet, avec cent charpentiers et cent menuisiers pris dans tous les corps de la garde.

Ces ressources et le concours de deux entrepreneurs civils permirent d'organiser les accessoires indispensables à l'installation du camp proprement dit, du quartier impérial et du quartier général.

Le grand quartier général comprit une baraque louée à M. Godillot, pour le logement du général en chef, deux baraques-mess et deux écuries.

Le quartier impérial fut formé de trois campements, l'un pour les palefreniers, le second pour les gens de service, le troisième pour les cent-gardes.

L'installation particulière de l'Empereur comprenait : le chalet qui lui servait de logement, flanqué de deux autres chalets servant de salon et de salle à manger, ainsi que de deux pavillons pour les invités de marque. Ces cinq dernières constructions avaient été achetées par l'Empereur à Paris, et l'on n'eut qu'à les mettre en place.

Tout cet ensemble fut complété par un autel assez élevé que M. Godillot fournit et qu'il envoya de Paris, pour qu'on pût célébrer, le dimanche, le service religieux devant les troupes assemblées (¹).

1857. Composition du premier camp de manœuvres. — Le 18 août, les différents corps de la garde commencèrent à arriver et, le 29, l'Empereur inaugurait la saison des manœuvres en prenant en personne le commandement du camp.

____

(¹) En 1858, le service du génie remplaça cet autel par un petit édifice en charpente recouvert d'un toit en zinc monté sur quatre poteaux élevés; on accédait à l'autel par un large escalier et au-dessous de la plate-forme sur laquelle il était installé, on avait ménagé la sacristie. Chaque dimanche, pour la messe, cet ensemble était orné de drapeaux, d'oriflammes et de rideaux, et le tout ne manquait pas d'un grand caractère religieux. Un pavillon hissé près de l'autel en haut d'un mât annonçait les phases de la cérémonie.

Les troupes convoquées appartenaient à la garde et comprenaient : 2 divisions d'infanterie, 6 régiments de cavalerie, 12 batteries d'artillerie et des troupes du génie.

De 1858 à 1870. — Dans les années suivantes, la belle régularité de la conception primitive reçut de nombreux accrocs. A plusieurs reprises, il avait fallu installer des effectifs supérieurs à ceux prévus au début et ces adaptations successives avaient jeté un tel désordre dans l'ordonnance générale du camp qu'un remaniement complet devenait indispensable. En vue de cette opération, le commandant du génie fut chargé, en 1868, d'étudier un projet permettant l'installation normale de 3 divisions d'infanterie, de 1 division de cavalerie et de 12 batteries d'artillerie; en cas d'accroissement de cet effectif, 2 divisions nouvelles devaient pouvoir se placer aux ailes en avant des divisions extrêmes. Ce projet fut mis à exécution en 1870 et les troupes étaient installées de cette façon au moment de la déclaration de guerre.

Pour terminer ce qui concerne cette période, il y a lieu de signaler que de nombreux baraquements s'étaient élevés, que l'installation était devenue plus confortable et que l'Empereur avait fait construire par les soins du génie et mis en exploitation huit fermes sur le pourtour du camp.

DES CAMPS SOUS TENTES

Primitivement, toutes les troupes appelées au camp pour y exécuter des manœuvres, pendant l'été, devaient faire usage de la tente; bien qu'il ne s'agît là que d'un camp d'instruction où le dispositif aurait pu varier suivant les convenances locales, on voulut que les troupes eussent l'image de la guerre constamment sous les yeux. Leurs campements durent dès lors présenter les mêmes dispositions que s'ils avaient été dressés devant l'ennemi; c'est ainsi que la longueur du front de bandière devait toujours être déterminée par celle du front de bataille des unités.

Dans les premières années d'occupation, on faisait usage de la *tente elliptique* à faîtage terminée par deux demi-cônes. Plus tard, on employa la *tente conique*. Ces tentes ont une contenance nominale de 16 à 20 hommes, mais afin d'éviter l'entassement, on basait les calculs de la profondeur à donner aux campements sur une contenance de 12 fantassins et 8 ou 10 artilleurs ou cavaliers.

Les quartiers généraux n'avaient pu être placés en arrière et au centre des troupes qui en dépendaient, à cause de l'emplacement adopté pour les latrines disposées elles-mêmes en arrière des campements. On établit donc les quartiers généraux dans le voisinage des troupes, et il fut admis, en 1863, que pour les généraux la tente serait remplacée par une baraque en bois à la vérité fort modeste, mais cependant assez spacieuse.

Peu à peu, un certain nombre d'accessoires, tels que les cuisines, les cantines, les mess, etc., qui s'accommodaient mal de la tente, furent construits en matériaux solides. Ces constructions restaient seules debout pendant l'hiver et ce n'était pas une petite besogne de les préserver contre la rapacité des maraudeurs. On fut forcé d'installer et de maintenir tout l'hiver trois postes de 16 hommes qui fournissaient des sentinelles nombreuses, et la gendarmerie exerçait elle-même une incessante surveillance. Malgré tant de précautions, on ne parvint jamais à empêcher les déprédations de toute sorte et, pour en donner une idée, c'est par 1 500 à 2 000 qu'il fallait compter les carreaux cassés chaque hiver.

DES CAMPS SOUS BARAQUES

Dispositions générales du baraquement de l'infanterie. — D'après les premières instructions données par l'Empereur et par le maréchal Vaillant, ministre de la guerre, le camp de Châlons ne devait pas être uniquement organisé pour recevoir, pendant l'été, des troupes en manœuvres ; mais il devait, en outre, servir de garnison permanente à un noyau composé d'une ou de deux divisions d'infanterie, auxquelles devaient s'adjoindre une compagnie du génie et une compagnie du train, ainsi qu'un détachement de sapeurs-conducteurs.

Le maréchal Vaillant aurait voulu créer pour elles des casernes qu'on eût placées en arrière de la ligne générale du camp, telle qu'elle avait été adoptée en 1857.

L'Empereur ne fut pas de cet avis. Il voulut que le camp conservât son caractère pour toutes les troupes, que les bâtiments à étages en fussent proscrits, et qu'on se bornât à établir les troupes d'hiver sous des baraques remplaçant les tentes.

C'est ainsi que fut construit, en 1858, le quartier C, dont la gauche s'appuie à la rue de Châlons.

Les baraques de la troupe étaient séparées de la ligne des cuisines par une rue de 40 m. Cette largeur inaccoutumée devait permettre d'intercaler une nouvelle ligne de baraques ; il était, en effet, question, à cette époque, d'augmenter les effectifs et de former des compagnies de 150 hommes. Mais on ne donna pas suite à ce projet d'augmentation et la troisième file de baraques ne fut pas construite.

Il faut s'en applaudir, car la rue de 40 m, qui est ainsi restée libre, est devenue la grande artère de circulation, et, pour cet usage, sa largeur n'a rien d'exagéré.

Les quartiers furent construits dans l'ordre suivant :

En 1858, le quartier C, comme il a été dit ;

En 1859, le quartier B, à la droite du précédent ;

En 1860, le quartier A, à la droite du quartier B, et le quartier D à la gauche du quartier C, le long de la route de Châlons ;

En 1861, la construction du quartier E compléta le baraquement d'une division d'infanterie.

Baraquements du génie et du train. — Outre les baraquements de l'infanterie, on fit, dès les années 1858 et 1859, près du moulin Bayard, une installation permanente pour la compagnie du génie et les troupes du train qui restaient au camp pendant l'hiver.

Non loin de cette installation, le long de la route de Mourmelon à Livry, on construisit également en 1869-1870 des baraques pour une sorte d'école de télégraphie militaire. Ces locaux sont actuellement affectés au service de santé, qui y loge du personnel et du matériel.

Établissements de l'artillerie. — Par les soins du génie, il avait été construit, en 1857, deux magasins à poudre et une salle d'artifices provisoire pour les premiers besoins de l'artillerie. En 1858, le même service établit un magasin à poudre définitif du type réglementaire. Cette installation fut complétée, en 1860, par la création d'un arsenal permettant d'effectuer sur place les réparations au matériel et de satisfaire aux besoins de la commission d'expériences instituée en 1857.

Cet arsenal est installé sur une bande de terrain de 600 m sur 150 m, située le long de la limite nord du camp, près de la voie romaine, et cédée au service de l'artillerie.

En outre, à la suite des craintes de guerre, en 1867, il fut créé, près de la gare, de vastes docks pour remiser le matériel. Ces docks ont pris depuis un développement considérable.

Occupation du camp baraqué. — Le baraquement de l'infanterie avait été créé pour abriter pendant l'hiver toute une division; mais, en fait, on n'y laissa jamais qu'une brigade. On put, dès lors, affecter une grande partie des baraques en maçonnerie à une autre destination.

C'est ainsi que le quartier A, qui avait été construit pour servir de casernement à un bataillon de chasseurs, fut, dès sa création, occupé par un hôpital provisoire, et ce provisoire dure encore.

La droite du quartier B abrita une commission permanente d'expériences d'artillerie, une batterie et une compagnie du train d'artillerie annexées à cette commission.

A leur gauche avaient trouvé place les établissements permanents nécessaires à une école de tir, dont les élèves occupèrent l'hiver quelques baraques dont les troupes reprenaient possession pendant la saison des manœuvres.

Enfin, on préleva sur les baraques disponibles de quoi installer des magasins d'habillement et d'armement pour les troupes campées.

La commission d'expériences dont il vient d'être question avait tout d'abord été installée à Suippes; elle avait établi une première ligne de tir partant d'un arbre isolé connu sous le nom d'*arbre de Reims*, et dirigée sur Bouy; puis cette commission vint s'établir à Mourmelon quand les manœuvres commencèrent. Elle obtint enfin d'occuper quelques baraques, lorsque les quartiers D et E furent construits; elle possédait, en outre, à droite et à quelque distance du quartier général, des bureaux et magasins qui servirent de noyau à ce qu'on appelle aujourd'hui la *batterie d'expériences*.

C'est en 1864 que le ministre de la guerre décida le transfert au camp de Châlons de l'École de tir qui, jusque-là, avait fonctionné à Vincennes. Depuis 1870, des aménagements nouveaux ont permis d'organiser convenablement les services de cette école qui s'est, d'ailleurs, dédoublée : l'*école régionale* a été supprimée, en 1894, par décision ministérielle; mais l'*école normale*, qui a pris la place de la commission d'expériences d'artillerie, est aujourd'hui un établissement très complet et pourvu de tous les ateliers et machines que nécessitent les recherches relatives aux armes portatives.

Un polygone spécial lui est réservé dans la partie nord-est du camp.

LES ACCESSOIRES DU CAMPEMENT

Recherche des eaux dans la région du camp de Châlons. — La question de l'alimentation en eau, si importante lorsqu'il s'agit d'un camp d'instruction où les troupes ont à séjourner des mois entiers, n'a pas été sans présenter au début de sérieuses difficultés. La rareté de l'eau à la surface du sol et le régime tout particulier de la région ont exigé des études très sérieuses pour déterminer le mode de distribution à adopter.

Voici d'ailleurs, très rapidement exposées, les bases sur lesquelles repose la théorie qui a permis de doter largement le camp de Châlons au point de vue de l'alimentation en eau.

Toutes les couches qui se superposent jusqu'à une profondeur de plusieurs centaines de mètres sont formées de terrains crayeux essentiellement perméables [1] ; il serait donc illusoire de chercher à pousser des puits jusqu'à la nappe d'eau souterraine qui n'existe qu'au delà des limites pratiques que l'on peut atteindre par ce moyen.

Toutefois, les eaux qui tombent à la surface du sol sont absorbées par la craie qu'elles commencent par saturer, puis qu'elles traversent peu à peu pour gagner la couche imperméable inférieure où elles sont arrêtées ; leur niveau s'élève alors graduellement en sursaturant la craie.

L'évaporation à la surface du sol et l'échauffement de celui-ci en été font disparaître cette eau de sursaturation dans les couches élevées et jusqu'à des profondeurs qui s'accroissent de plus en plus à mesure que l'on s'éloigne

---

[1] Le fait suivant permet de se rendre compte de la grande perméabilité du terrain au camp de Châlons.

En 1857, un orage d'une violence extrême transforma en un véritable lac le camp des guides, où le terrain formait une dépression assez sensible. On fit une grosse affaire de ce lac au quartier général et un officier du génie proposa de l'écouler jusqu'au Cheneu par une tranchée qu'on aurait transformée ensuite en drainage. Mais le lac n'attendit pas l'achèvement du travail pour disparaître par imbibition.

de la saison pluvieuse. Si donc on creuse des puits au-dessous de cette zone d'évaporation, l'eau de saturation qui est en excès vient couler le long des parois et d'autant plus rapidement que les pores de la craie s'ouvrent davantage par l'entraînement des poussières crayeuses qui les obstruent. Ces poussières rendent d'abord l'eau blanchâtre ; elles se déposent peu à peu et colmatent le fond du puits ; l'eau devient alors transparente et limpide.

Il est bon d'ailleurs, pour éviter que l'eau sans cesse renouvelée soit toujours blanchâtre, de creuser les puits de manière qu'ils aient 7 à 8 m d'eau.

Il est clair que si un puits vient à être à sec par suite de l'abaissement de la zone d'évaporation, on est assuré de le mettre promptement en eau en l'approfondissant aussitôt. C'est ce que l'on a dû faire pour la plupart dans les années très sèches, en 1859, 1865, 1868 et 1869 et plus récemment en 1893. Il suffit d'une demi-journée de travail pour rendre à un puits $1^m,50$ d'eau.

En dehors de l'eau de boisson des hommes, on doit, dans l'installation d'un camp, se préoccuper d'assurer l'alimentation des chevaux, et cette tâche est assez considérable, pour un corps de cavalerie nombreux dont tous les chevaux doivent s'abreuver à peu près en même temps.

La proximité du Cheneu a permis de résoudre, dès l'abord en 1857, assez simplement le problème, en installant des abreuvoirs en chêne le long du ruisseau où des pompes à bras aspiraient l'eau. C'était un travail pénible qui exigeait un service d'hommes de corvée fort régulier et une surveillance assez grande, pour sauvegarder les pompes qu'ils étaient disposés à manier à tour de bras.

Aussi, dès l'année suivante, le commandant du génie chercha-t-il à utiliser, pour alimenter les abreuvoirs, la retenue d'eau du moulin Bayard, et il fit, en conséquence, réparer un barrage précédemment construit dans la vallée du Cheneu, dans le but de créer un réservoir.

Cuisines. — Dans les camps du Nord qui précédèrent l'installation du camp de Châlons, on avait donné aux troupes des cuisines assez sommaires qui n'étaient qu'une amélioration du procédé employé en campagne, où un trou dans le sol reçoit le feu et sert par ses parois à soutenir les marmites.

On essaya dès le début de faire mieux au camp de Châlons, et on y créa des cuisines en planches, comprenant dans la même baraque des locaux à usage de cantines.

Dans les divers campements, les cuisines fixes ont disparu pendant les événements de 1870. Depuis quelques années on leur a substitué des cuisines démontables qui répondent mieux aux exigences nouvelles de l'hygiène et permettent de déplacer fréquemment les campements. Ce sont de petites baraques fermées sur trois côtés seulement au moyen de panneaux de bois.

Mess. — Initialement les mess destinés aux officiers étaient en principe provisoires.

Chacun d'eux était divisé en trois parties : une cuisine, un office et une salle à manger commune à tous les officiers du corps.

Quelques-uns de ces mess existaient encore en 1870 ; aucun de ceux de l'artillerie, notamment, n'avait été remanié, mais ils étaient en fort mauvais état. Lorsqu'ils furent entrepris, la garde impériale seule avait l'habitude de vivre en mess et elle avait, pour cet usage, un matériel spécial donné par l'Empereur à chaque régiment ; c'est à cette circonstance que fut due l'idée des mess provisoires construits sur les emplacements qui lui étaient réservés.

Dans le baraquement permanent, les mess des officiers furent conçus dans un esprit différent.

Ce baraquement étant plus spécialement destiné aux troupes de ligne, on dut tenir compte des habitudes de celles-ci et faire autant de salles à manger qu'il y avait de grades, et des cuisines en nombre correspondant.

Ces mess subirent d'ailleurs de fréquentes transformations, suivant l'humeur ou le goût des occupants.

Écuries. — On admit dès le principe qu'il y avait lieu de donner aux chevaux d'officiers, non pas des écuries complètes et confortables, mais tout au moins un abri.

L'écurie provisoire employée fut un simple hangar fermé à ses pignons seulement et ouvert sur ses faces. Une cloison médiane divisait le hangar en deux parties, soutenant mangeoires et râteliers. Les chevaux se trouvaient ainsi placés tête à tête avec des barres de séparation.

Ces écuries subsistèrent jusqu'en 1870.

En 1868 et 1869, il fut question de chercher, en essayant d'aguerrir plus encore les chevaux de troupe, à se procurer une race plus énergique et plus résistante de chevaux de guerre. On voulait essayer au camp, pour l'hiver, des écuries-hangars fermées sur leurs pignons, ouvertes sur leurs faces, et protégées sur celles-ci, pendant les plus grands froids seulement, par des toiles accrochées à la toiture. Les événements ne permirent pas de réaliser ce projet qui eût exigé d'ailleurs la présence au camp, pendant l'hiver, d'une brigade de cavalerie, pour laquelle il eût fallu créer de nouveaux baraquements.

Comme on le voit, la plus grande partie des chevaux étaient mis à la corde, et l'on dut se préoccuper à mainte reprise, sans d'ailleurs y trouver de solution satisfaisante, des inconvénients de ce régime, surtout au point de vue de la manière dont les chevaux se nourrissent.

Ce n'est qu'en ces dernières années que la création d'abris-écuries démontables pour 1 800 chevaux a permis de supprimer en grande partie la mise à la corde ou au piquet. Ces écuries possèdent des auges et des râteliers.

Chevalets d'armes. — On ne fit point de chevalets d'armes ; chaque corps reçut du campement des manteaux d'armes en quantité suffisante pour abriter ses faisceaux. Seul, le drapeau devait être placé sur un chevalet en bois au centre du régiment. Les corps en profitèrent pour créer chaque année au milieu de leur front de bandière un monument en craie destiné à supporter leur drapeau.

Ce fut une mode qui prit tous les ans plus d'extension.

Grâce à la facilité avec laquelle on peut travailler la craie, les soldats avaient profité d'abord de leurs loisirs pour faire individuellement une foule de petites statues, de colonnes, etc., qu'ils plantaient orgueilleusement aux abords de leurs tentes et qui représentaient assez curieusement les ébauches naïves des premiers âges de l'art.

L'Empereur prit intérêt à ces tentatives ; il promit des prix aux auteurs des œuvres les meilleures, et chacun s'adonna à la sculpture. On espérait bien que le temps consacré à l'art serait autant de pris sur les séjours à la cantine. Seulement, à force de vouloir faire mieux que ses voisins, on s'écarta du but : les chefs de corps présidèrent au travail ; on fit des plans ; on mit à part les sculpteurs de profession ; chaque corps voulut avoir un monument qui écrasât tous les autres. Les sculpteurs, dispensés de service, se consacrèrent tout entiers à leur art, travaillant plusieurs semaines. Il y eut ainsi des œuvres remarquables, mais malheureusement fugitives comme les beaux jours, car les premières gelées les ruinaient, et les habitants du pays achevaient de les démolir pour se procurer des moellons.

Ces chefs-d'œuvre avaient d'ailleurs pour résultat de décourager les sculpteurs novices qui, désertant la lutte, retournèrent à la cantine, se contentant de suivre de là l'érection du monument de leur régiment. Le but moralisateur était manqué.

La sculpture du reste ne fut pas le seul art en honneur au camp de Châlons ; les chefs de corps encourageaient volontiers les théâtres où des artistes improvisés purent déployer à l'aise leurs aptitudes pour la chansonnette ou le vaudeville.

L'Empereur lui-même faisait les frais, chaque année,

de plusieurs représentations théâtrales, sur une scène sommaire organisée à Mourmelon, pendant les trois ou quatre mois de la saison des manœuvres(¹).

Bibliothèque. — Les officiers avaient la ressource de distractions plus sérieuses. Ils furent redevables au général Jamin de leur première bibliothèque. Cet officier général, qui commandait la brigade d'hiver en 1859, avait acheté en bloc une bibliothèque qui était en vente à Châlons-sur-Marne, et l'avait installée dans une des pièces de sa baraque qu'il mit à la disposition des officiers; puis il en fit don au camp, au moment de son départ pour la campagne de Chine, en novembre 1859. On construisit, pour la recevoir, près de la route de Châlons, un chalet assez élégant et le premier fonds donné par le général Jamin s'accrut rapidement de dons divers, auxquels l'Empereur contribua pour une large part. A la suppression de la division du génie de la garde notamment, le camp reçut la bibliothèque qu'elle possédait; enfin, la division d'occupation de Rome, lorsqu'elle fut rappelée en France, envoya également au camp les livres de son cercle d'officiers.

La bibliothèque ainsi formée se trouvait fort riche, lorsqu'elle fut pillée par les Allemands en 1870. Depuis lors, on l'a reconstituée en partie, mais à grand'peine et sans pouvoir lui rendre son ancienne splendeur. Les livres n'occupent plus que l'une des salles qui leur étaient affectées jadis, et le bureau de la place a pu s'installer côte à côte dans le même chalet.

QUARTIER GÉNÉRAL ET QUARTIER IMPÉRIAL

Parmi les divers établissements du camp de Châlons, le quartier impérial et le quartier général méritent évidemment une mention toute particulière.

(¹) Il existe, parmi les projets de cette période, le plan d'un chalet destiné au logement de trois actrices : voilà un genre de construction où les officiers du génie n'ont pas souvent à exercer leur art.

En 1857, ces installations furent pour la plupart provisoires.

Quartier général. — Au quartier général, le maréchal Regnault de Saint-Jean-d'Angély, major général, fut le seul logé dans une baraque en bois louée à M. Godillot; tous les autres officiers campèrent sous la tente. Deux baraques-mess furent élevées, l'une pour le maréchal, l'autre pour son état-major; deux écuries et des latrines complétèrent l'installation de ce petit campement qui fut installé d'abord à la gauche du quartier impérial en regardant le front de bandière du camp. Le quartier général fut, d'ailleurs, déplacé dès l'année suivante pour être reporté à droite du quartier impérial, et on l'organisa d'une façon plus confortable, en construisant un certain nombre de baraques.

De 1861 à 1868, des créations successives vinrent peu à peu améliorer l'installation du quartier général.

Quartier impérial. — Le quartier impérial fut tracé, dès 1857, à peu près comme il l'est actuellement : les transformations successives ont seulement remplacé les tentes de la première heure par des constructions définitives.

Le camp des aides de camp et officiers d'ordonnance était établi en arrière de la baraque de l'Empereur; le camp des palefreniers à gauche des écuries impériales; celui des Cent-Gardes à droite de leurs écuries, formant la face droite de la grande cour du quartier. Derrière le camp des Cent-Gardes se trouvait celui de leurs palefreniers et, en dernière ligne, celui du piquet d'escorte; enfin, en arrière et sur l'axe du quartier était le camp de la gendarmerie.

Les pavillons avaient été achetés tout faits à Paris et montés sur place.

Le garde-meuble avait en outre fourni cinq baraques en bois où l'on installa l'argenterie, le télégraphe et la photographie, la cave, la cuisine et l'office.

Le service du génie compléta la symétrie en construisant des baraques semblables où furent placés le salon des aides de camp, la salle à manger des gens de service, le garde-meuble, la lingerie, la poste de l'Empereur et l'imprimerie.

Le même service établit également les écuries, les selleries, les cuisines, etc.

L'alimentation en eau était assurée par cinq puits creusés au centre et dans les angles de la cour.

Chaque année amenait, d'ailleurs, quelque amélioration notable, faisant disparaître peu à peu les tentes, et remplaçant partout la planche par la brique, de telle sorte qu'en 1870, le quartier impérial offrait un ensemble complet et régulier de bâtiments en pans de bois et briques.

Le pavillon impérial lui-même s'était agrandi de deux ailes assez vastes; en 1861, à la suite d'un commencement d'incendie, on le reconstruisit en briques.

Les baraques en bois des invités furent remplacées par des constructions en briques plus grandes et plus confortables, destinées à servir, l'une de logement aux souverains étrangers invités aux manœuvres, l'autre de salon à l'Empereur.

L'ancien salon fut divisé en quatre parties pour être affecté aux dames d'honneur de l'Impératrice.

C'est en 1863 que s'exécutèrent le plus de constructions nouvelles et que l'on vit s'achever l'installation du quartier tel qu'il était en 1870.

Le quartier impérial semblait avoir atteint sa perfection définitive ; on songea alors à le pourvoir plus abondamment en eau et l'on projeta de l'éclairer au gaz. Ces projets datent de 1869 et la question des eaux fut presque entièrement conduite à bien avant la guerre. Un grand puits de 35 m creusé en forme de carafe à sa partie inférieure et profondément mis en eau, contenait une réserve permanente d'eau considérable. Il était situé tout au sud du quartier. Une pompe mue par une machine à vapeur en amenait les eaux dans un réservoir supérieur établi au-dessus de l'abri de cette machine. Les eaux arrivaient par une conduite en fonte dans un bassin construit au milieu de la cour du quartier, et y alimentaient un jet d'eau.

La distribution se faisait ensuite au moyen de bornes-fontaines.

Ces travaux ainsi que la question de l'éclairage au gaz furent interrompus par la guerre.

SERVICES ADMINISTRATIFS

Pendant la période de 1857 à 1870, qui nous occupe plus spécialement, les services administratifs furent dirigés, l'hiver, par un sous-intendant résidant au camp. Dès le printemps, un intendant divisionnaire y venait prendre lui-même la direction générale de ces services en vue des rassemblements d'été.

Manutention. — La manutention se trouvait sur le bord de la route qui conduit de la gare au village de Mourmelon. On l'avait constituée, dès 1857, au moyen de 12 fours de campagne placés dans une baraque en bois achetée à Vincennes.

En 1867, on voulut prévoir le cas où des circonstances de guerre feraient du camp un lieu de rassemblement pour plusieurs corps d'armée, et mettre la manutention en mesure de satisfaire aux exigences d'un effectif considérable. Sept nouveaux fours furent construits ; ils ne servirent qu'en 1870, au commencement de la guerre, pendant les quelques jours qui précédèrent l'évacuation du camp.

La manutention du camp de Châlons a, depuis la guerre, repris toute son importance ; elle comporte même aujourd'hui une biscuiterie susceptible d'une production considérable.

Boucherie. — Lorsque les troupes vinrent s'installer au camp pour la première fois, il n'existait aucune industrie au village. On dut créer une boucherie militaire pour faire face aux besoins d'une pareille agglomération.

Toutefois, il fut admis qu'on ne fournirait point de viande à titre remboursable aux officiers. Cette disposition favorisa l'extension de l'industrie privée au village de Mourmelon ; de telle sorte qu'en 1860 on put supprimer la boucherie militaire et les corps durent se fournir de viande, à prix débattus, chez les commerçants civils.

Fourrages. — En dehors d'un bâtiment en planches pour les avoines et d'un grand hangar à fourrages, il fut admis tout d'abord que les fourrages seraient simplement emmeulés, afin de diviser le plus possible cette énorme masse de matières combustibles.

Au moment où la guerre de 1870 éclata, il était question de recouvrir ces meules de hangars légers, fermés seulement sur la face tournée vers le sud-ouest, d'où viennent habituellement les pluies dans la région du camp. Non seulement on ne put pas réaliser ce projet, mais le grand hangar aux fourrages ainsi que tout ce qui constituait le parc furent brûlés, avec tout l'approvisionnement qu'ils contenaient, à l'approche de l'ennemi.

Depuis lors, le parc à fourrages du camp a été reconstitué ; il possède actuellement 6 grands magasins aux avoines, 2 grands hangars aux fourrages fermés sur les pignons par des murs en maçonnerie et 3 hangars couvre-meules du système Petit-Jean.

Transports. — Toutes les compagnies du train ayant été mises en campagne pendant la guerre d'Italie, on dut y suppléer pour les transports en traitant avec un entrepreneur civil auquel on allouait, pour lui permettre de loger ses chevaux au village, une indemnité de 0 fr. 20 c. par cheval et par jour. Cet entrepreneur obtint bientôt l'autorisation d'établir à ses frais, sur le terrain militaire, une écurie en planches qui devait devenir la propriété de l'État, lorsque la somme due par celui-ci pour l'indemnité de logement aurait couvert les frais de construction. La guerre d'Italie se termina vite ; le contrat fut résilié et, pour couper court aux prétentions de l'entrepreneur, on acheva de payer le prix d'acquisition de l'écurie, qui fut d'ailleurs démolie en 1861.

Cette question des transports est loin d'avoir reçu jusqu'à ce jour une solution très satisfaisante. Le train est, en effet, insuffisant à les effectuer tous, et, d'autre part, les marchés des transports de la guerre comportent des prix de camionnage particulièrement onéreux au Camp de Châlons. Il n'est pas douteux que la construction d'une voie de raccordement desservant directement les établissements des services administratifs et l'arsenal permettrait de réaliser de ce chef une économie notable.

Une tentative de ce genre a été faite, il est vrai, dès le début de l'installation du camp, mais avec des moyens trop sommaires et dans des conditions trop précaires pour qu'on en pût tirer tout le profit désirable. Le matériel était celui d'un petit chemin de fer américain que l'Empereur avait fait installer au parc de Villeneuve-l'Étang à titre de curiosité. Des wagonnets y étaient traînés par des chevaux sur une plate-forme horizontale ; lorsque le train était lancé à bonne vitesse, par un coup d'éperon et un mouvement de bride, on jetait brusquement de côté les attelages dont les traits se décrochaient d'eux-mêmes, et les wagons se précipitaient sur une pente raide.

Ce jeu amena quelques accidents qui y firent renoncer. Rails et wagonnets furent expédiés au camp dès 1857, où l'on pensa à les utiliser pour relier la gare avec les campements. On suppléa à l'insuffisance des rails existants en constituant une partie de la voie au moyen de rails en bois qui s'usèrent d'ailleurs rapidement.

Ce petit chemin de fer n'étant point à voie normale, il ne pouvait être question de le raccorder à la ligne principale, et, par conséquent, il ne supprimait pas les opérations de transbordement à la gare ; le but qu'on s'était proposé était donc imparfaitement atteint. Lorsque l'usure des rails en bois rendit un remaniement nécessaire, on se contenta de relier la manutention au milieu du camp de la 3e division et le chemin de fer américain fut dès lors exclusivement consacré aux distributions des vivres.

Ce chemin de fer a disparu en 1870.

SERVICE SANITAIRE

Au Camp de Châlons les saisons vont facilement aux extrêmes : d'un froid intense et persistant aux fortes chaleurs orageuses. Le printemps et surtout l'automne se signalent, presque chaque année, par des coups de vent subits et violents.

Toutefois, la salubrité générale de la contrée n'est point douteuse. L'air y est sain, quoique un peu vif.

Depuis la création du camp, on n'a point eu à constater d'épidémies graves ; mais les affections estivales, la dysenterie et la fièvre typhoïde, qui sont presque inévitables dans les grosses agglomérations de troupes, ont cependant tristement marqué certaines années.

Les conditions spéciales où se trouvent les troupes en manœuvres ne sont que des causes occasionnelles qui peuvent mettre l'organisme humain en état d'infériorité dans sa lutte contre les germes infectieux ; encore faut-il que ces germes existent et l'on peut se demander d'où ils viennent.

Les recherches scientifiques semblent avoir établi aujourd'hui que, dans le cas de la dysenterie, on peut incriminer plus particulièrement les influences telluriques et que l'eau paraît au contraire le véhicule de prédilection des germes typhiques.

Avant 1870, au Camp de Châlons, on pressentait ces influences et l'on cherchait déjà à s'en affranchir. C'est ainsi que, sous prétexte d'aérer le sol, on y promenait la charrue, malgré les récriminations des occupants qui s'installaient difficilement sur la terre ainsi ameublie.

Il semble, à vrai dire, que cette opération dut être plus nuisible qu'utile, en mettant précisément au jour les germes infectieux — comme il arrive toujours dans tous les mouvements de terre. — Elle ne saurait avoir d'action salutaire que si elle a pour corollaire la désinfection complète du terrain soit par voie chimique, soit par la culture : depuis 1891, on applique ce dernier procédé qui oblige à alterner les emplacements où l'on campe.

La dysenterie trouvait un aliment plus immédiat encore dans le mode adopté pour l'installation des latrines, à l'époque où l'on se contentait de tranchées qu'on déplaçait périodiquement.

L'infection était complète et on a dû, pour y remédier, renoncer à ce système défectueux et imaginer le matériel de latrines démontables sur tinettes mobiles qui fonctionne partout aujourd'hui.

Si la nature du sol a une influence très grande sur l'état sanitaire, la qualité des eaux y joue un rôle plus important encore. Dès qu'on étudia l'assiette du camp, on dut se préoccuper de cette question et l'on s'assura que l'eau était excellente.

Lorsque le puits dont on la tire est creusé depuis quelques jours, elle est parfaitement limpide; de petites bulles d'acide carbonique s'en dégagent et la rendent extrêmement agréable au goût.

L'eau du camp est, dans l'échelle hydrotimétrique, placée immédiatement après celle de la Marne prise à Charenton, ou celle de l'Escaut prise à Valenciennes(¹). Elle est donc de bonne qualité, mais ce qu'il importe avant tout, c'est de la mettre à l'abri des souillures, c'est d'empêcher que

---

(¹) Voici l'analyse hydrotimétrique faite en 1857 par le service de santé :

	Acide carbonique.	10 mmgr.
	Carbonate de chaux.	72,1 —
Eau : un litre	Sulfate de chaux et sels de chaux, autres que le carbonate.	154 —
	Sels de magnésie.	20 —
		216,1 mmgr.

les eaux de surface, salies par les lavages, le purin ou mille autres causes, ne puissent retomber dans les puits.

C'est pour assurer une fermeture hermétique qu'on a, en 1891, recouvert les puits de margelles en béton soigneusement closes et qui les mettent à l'abri des filtrations.

Établissements hospitaliers. — Lorsqu'on envisagea tout d'abord l'organisation qu'il convenait de donner aux services hospitaliers, il sembla que, pour rester dans une plus fidèle représentation de ce qui se passe en campagne, on devait s'y contenter des premières formations sanitaires — les ambulances — où les malades ne font que passer pour être évacués sur un grand hôpital qui se trouve toujours assez éloigné, du reste.

Trois ambulances de 100 lits chacune furent ainsi construites derrière les trois grandes divisions du campement. Elles étaient achevées en 1858.

Quant aux évacuations, on prescrivit de les faire sur Châlons, où l'on songea successivement à aménager pour cet usage une ancienne abbaye et le petit séminaire ; mais on reconnut que ces établissements étaient tout à fait insuffisants et l'on finit par décider que la caserne de cavalerie serait appropriée pour recevoir les malades du camp. Cette transformation était faite, lorsque, en octobre 1859, le maréchal Randon prescrivit de rendre la caserne à sa destination première. Il admit que les évacuations se feraient sur les hôpitaux régulièrement organisés, mais en même temps que l'on compléterait les ressources hospitalières du camp par la construction d'un hôpital-infirmerie de 100 nouveaux lits.

Le chef du génie, prévoyant qu'à bref délai un pareil établissement serait jugé insuffisant, conçut son projet sur des bases plus larges. Il avait choisi un vaste emplacement en arrière du Cheneu pour y établir un hôpital pour 600 malades dont une partie seule, d'une contenance de 100 lits, eût été à construire immédiatement, pour ne point aller contre les ordres du Ministre. Mais celui-ci tenait à son idée, estimant que le système d'évacuation devait suffire à tout. Il accueillit mal le projet qui le menaçait de demandes d'agrandissements successifs et le commandant Weynand se vit forcé de se renfermer strictement dans ses premières instructions. Le terrain même où fut édifié l'hôpital-infirmerie avait été déterminé de manière que tout accroissement ultérieur y fût impossible, entre la route et le Cheneu, à droite de la sous-intendance.

Ce bâtiment, en maçonnerie, reçut un premier étage : c'est le seul qui soit au camp dans ces conditions, et l'Empereur, lorsqu'il le vit, manifesta tout son mécontentement de cette dérogation aux types de rez-de-chaussée rustiques adoptés partout ailleurs ; les bâtiments à étages furent désormais proscrits des études nouvelles.

Quant à l'affectation prévue pour le bâtiment objet de tant de vicissitudes, les événements devaient se charger de la modifier. En attendant, en effet, sa construction, et en présence de besoins urgents, on avait mis provisoirement à la disposition du service hospitalier le quartier A qu'on venait d'achever et qui était destiné primitivement à un bataillon de chasseurs.

Ce quartier, avec ses baraques isolées, était très bien approprié pour servir d'hôpital et, malgré l'achèvement de l'hôpital-infirmerie, les médecins insistèrent pour le conserver. Chaque saison y amena des installations nouvelles qui l'approprièrent de mieux en mieux à l'usage qu'on en faisait ; en sorte qu'aujourd'hui l'hôpital-infirmerie sert de casernement aux troupes du train, et l'hôpital provisoire du quartier A est devenu un hôpital définitif. Cet établissement est d'ailleurs beaucoup plus vaste que ne le comportaient les idées du maréchal Randon. Le Ministre a été battu par la force des choses ; car non seulement le camp n'évacue pas sur les villes voisines, mais son hôpital est si bien situé, avec de l'espace et de l'air comme il convient, que les diverses places de la région lui envoient parfois de leurs malades.

JARDINS ET PLANTATIONS

L'Empereur songea, dès que la création du camp de Châlons fut chose arrêtée, à faire cultiver à chaque corps un jardin potager pour lui permettre d'augmenter les ressources de ses ordinaires. Dès la fin d'août 1857, il fit envoyer, pour les corps appelés au camp, des outils de jardinage et des graines. On donna, en arrière des camps, une bande de terrain à cultiver à chacun d'eux. Ces premières tentatives ne donnèrent cependant que peu de résultats et ce ne fut qu'en 1860 que l'on fit de plus sérieux essais.

Deux régiments s'occupèrent de jardinage avec le plus grand soin et, grâce à des fumures assez considérables, obtinrent de bons résultats. L'Empereur vit leurs jardins et prescrivit de leur donner tout l'essor dont ils seraient susceptibles. Dès lors, les jardins entrèrent dans la voie régulière où ils se maintinrent en augmentant sans cesse de valeur.

Le camp en était venu à produire pour 40 000 fr de légumes environ par an, au moyen d'une dépense approximative de 16 000 fr dont 2 000 à peu près étaient alloués en argent pour les travaux préparatoires faits par le génie et dont le reste représentait la valeur des fumiers laissés à sa disposition.

Les jardins de la troupe présentèrent de très grands avantages ; les hommes s'en occupèrent avec fruit au lieu de rester oisifs, leur rapport améliorait les ordinaires et suffisait, à partir de la fin de juillet, pour leur fournir à très peu près tous les légumes frais dont ils avaient besoin ; de plus, les abords des camps, qui avaient été d'abord fort mal tenus, cessèrent d'être des dépôts d'immondices et des réceptacles d'ordures, pour devenir des carrés verts et réguliers, où la vue, fatiguée par les terrains blancs, se reposait agréablement.

Bientôt, des fleurs se mêlèrent aux légumes ; l'Empereur autorisa, sur les fonds de la liste civile, la création d'une serre qui fut construite dans la cour du parc du génie. La ville de Paris, le Jardin des plantes envoyèrent des fleurs et des graines.

La commission d'expériences d'artillerie et l'école de tir transformèrent en squares une partie de leurs terrains.

Enfin, dès 1863, les abords du quartier impérial se trouvaient garnis de jardins, les baraques de l'Empereur et des aides de camp avaient été entourées de fleurs, les employés avaient leurs potagers, et une pépinière d'arbres fruitiers y avait été plantée.

Pour améliorer les terrains de manœuvres de tout le camp, l'Empereur décida d'y établir des fermes. On ne devait d'abord y élever que des moutons qui eussent pacagé dans les terres du camp et les eussent améliorées par leurs fumiers, mais, dès la fin de 1857, l'Empereur envoya un premier troupeau de vaches qu'on installa tant bien que mal, tout d'abord, dans les bâtiments provisoires du quartier impérial destinés à être remplacés l'année suivante, puis un second troupeau qu'on mit à l'abri dans les premiers bâtiments construits près de Bouy pour former le parc du génie, au moment où l'on projetait d'établir les troupes sur la ligne de la Vesle.

Dès cette année 1857, on entreprit les fermes de Vadenay et de Cuperly. Les fermes du quartier impérial, celles de Suippes et de Jonchery furent construites en 1858, celles du Piémont et de Saint-Hilaire en 1859. La même année, on augmenta les bâtiments construits près de Bouy et on en fit une huitième ferme qu'on nomma ferme de Bouy.

Ces fermes coûtèrent d'abord plus qu'elles ne rapportaient ; mais, d'année en année, elles s'améliorèrent, les terres placées dans leur voisinage et dont 1 700 hectares étaient laissés à leur disposition pour la culture, louées par le département de la guerre à la liste civile impériale, acquirent une valeur de plus en plus grande, tant et si bien qu'elles en vinrent non seulement à couvrir les dépenses, mais aussi à rapporter des bénéfices nets, qui étaient encore en voie d'augmentation en 1870, mais représentaient déjà une somme considérable.

Le désir d'enlever au camp le rayonnement blanc dont nous avons parlé et de donner au moins à l'œil des points de repos d'une teinte plus favorable, conduisit également à des essais de plantations.

Les pépinières de Trianon envoyèrent chaque année de jeunes arbres ; on fit creuser des trous dans la craie, ou la remplaça par de la terre végétale et on planta les arbres dans ces sortes de grands pots à fleurs, le long des rues du baraquement, le long des routes qui traversaient le camp ou qui y furent créées, enfin, sur deux lignes, le long du front de bandière.

Ces arbres réussirent en général très bien, et on dut bientôt agrandir les trous, où on les avait mis d'abord afin de permettre le développement de leurs racines.

Plus tard, on fit mieux encore. Pour établir la plantation d'une ligne d'arbres, on creusa une tranchée longitudinale profonde dont l'axe était celui de la ligne à établir ; puis parallèlement une tranchée de largeur variable avec la nature du sol, enfoncée seulement jusqu'à la craie. La terre végétale provenant de la deuxième, jointe à la portion de terre végétale recueillie en creusant les premières parties de la première, était rejetée dans la tranchée d'arbres et toute la craie retirée de celle-ci servait à remblayer l'autre. En espaçant convenablement les arbres, on leur assurait à tous la possibilité de se développer et de vivre pendant de longues années.

Les lignes d'arbres du front de bandière sont ainsi plantées ; on avait commencé à améliorer les conditions où se trouvent une partie des autres en réunissant les trous primitivement faits par des tranchées, mais ce travail a été interrompu presque à son origine par la guerre et il y aura lieu de le reprendre partout, si l'on veut éviter de voir périr les arbres existants. Du reste, il suffit de les surveiller pour apercevoir, par la teinte de leurs feuilles qui jaunissent, le moment où ils commencent à péricliter et il convient alors de se hâter d'augmenter leurs ressources en terre végétale en agrandissant le trou où ils sont plantés et en substituant de la terre à la craie enlevée.

Telle est l'histoire de la création du camp de Châlons. L'exposé qui précède est à peu près exclusivement limité à la période antérieure à 1870. Nous n'avons pas voulu, afin de rester dans le cadre que nous nous étions assigné, entamer l'historique de la période actuelle.

Il ne paraît cependant pas superflu de signaler que l'activité qui a présidé aux débuts du camp ne s'est pas éteinte après les événements de 1870. Si, aujourd'hui, le camp de Châlons est déchu de la splendeur dont il a joui sous le second Empire, s'il n'est plus le théâtre grandiose où l'on jouait des pièces militaires à grand orchestre, il n'en est pas moins un admirable terrain d'entraînement pour les troupes de toutes armes.

Il a donc repris un rôle aussi utile dans nos institutions militaires, et, si sa destination a changé, son importance n'a fait que croître.

Nancy, impr. Berger-Levrault et Cie.

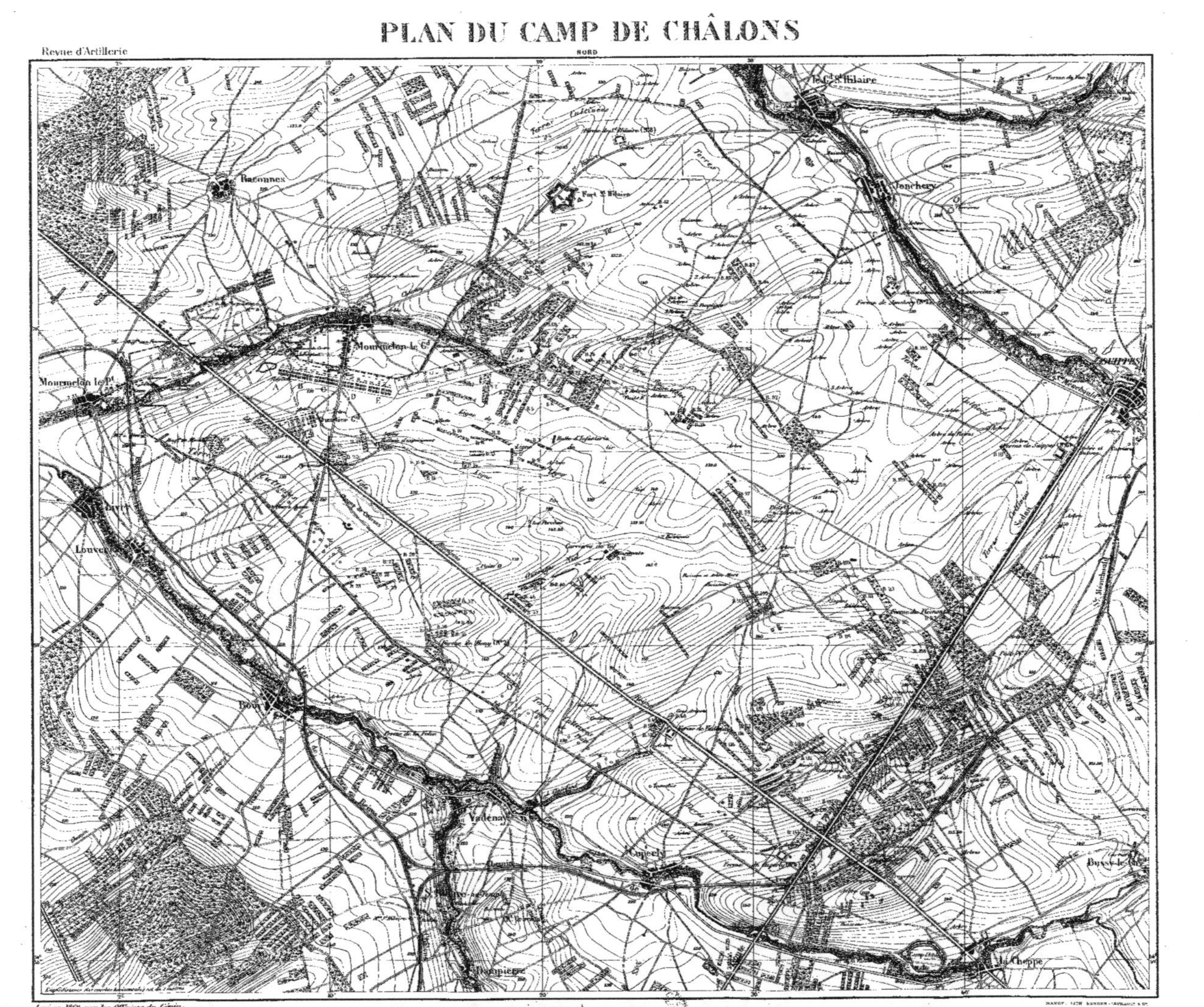

Revue d'Artillerie
PLAN DU CAMP DE CHÂLONS
NORD

201